DIE REIHE
Bilder aus der DDR

RADEBEUL

1949-1989

600 JAHRE RADEBEUL

Kurz vor der Gründung der DDR fand vom 24. September bis 2. Oktober eine Festwoche zum 600-jährigen Jubiläum Radebeuls statt. Nicht prunkvoll, aber doch in ansprechendem Rahmen. Eher bescheiden war die Festkarte gestaltet, die anlässlich des Jubiläums herausgegeben wurde.

DIE REIHE
Bilder aus der DDR

RADEBEUL

1949-1989

Gottfried Thiele

SUTTON
VERLAG

Sutton Verlag GmbH
Hochheimer Straße 59
99094 Erfurt
http://www.suttonverlag.de

ISBN 3-89702-490-X

Druck: Midway Colour Print, Wiltshire, England

Titelbild:
Zuschauer während des Umzugs am 1. Mai 1977. Sie standen schräg gegenüber der Tribüne
in der Straße der Befreiung (jetzt wieder Bahnhofstraße) vor dem HO-Obst- und Gemüse-
laden, wo sich jetzt eine EDEKA-Verkaufsstelle befindet.

600-JAHR-FEIER
DER STADT RADEBEUL

Wegen des großen Erfolges werden bis **Montag
3.10.49**
verlängert:

**Industrie-, Landwirtschafts-, Gartenbau-
und Gewerbe-Ausstellung** in der Festhalle Elbwiese und die

VOGELWIESE
RADEBEUL

Straßenbahn:
Linien **14** und **15**
bis Radebeul-West
Bahnhofstraße

auf den Elbwiesen mit einem **verbilligten Kinder-Nachmittag**
am 3. Oktober 1949 (halbe Preise)

Dr 34 300 Rfl 650 949 · Knoby & Dietze, Radebeul

Die Festwoche wurde wegen des großen Erfolges und der Anteilnahme der Bevölkerung um
einen Tag verlängert.

Inhaltsverzeichnis

Danksagung

Die Herausgabe dieses Buches war nur durch die großzügige Unterstützung des Radebeuler Stadtarchivs, insbesonder dessen Leiterin Annette Karnatz, möglich. Ihr und ihrem Team gebührt an erster Stelle mein Dank, auch für die Hilfe beim Heraussuchen des Materials.

Mein Dank gilt auch den Fotoautoren Erhard Wolf (Coswig, 95 Fotos) und Günther Schulze (Radebeul, Titelfoto, S. 15, 25, 67 u.), die ihre im Stadtarchiv deponierten Fotos zu günstigen Konditionen für das Buch frei gaben.

Ich danke auch zahlreichen ungenannten Fotografen, deren Fotos ohne Namen im Stadtarchiv vorlagen und verwendet wurden.

Nur durch das Material aus dem Stadtarchiv – ergänzt durch eigenes Archivmaterial – war die umfassende Bilddokumentation zu gestalten, welche 40 Jahre Radebeul (1949-1989) darstellt.

Einleitung

40 Jahre sind ein bedeutender Abschnitt im Leben eines Menschen, wenn wir beachten, dass man in einem Jahrhundert von vier Generationen spricht. Dennoch glaube ich, dass ich in diesem Buch noch nicht – um an Heinrich Mann anzuknüpfen – „ein Zeitalter besichtige", aber doch eine wichtige Phase unserer Geschichte, die nun hinter uns liegt. 13 Jahre sind auch genügend Zeit, Radebeul von 1949 bis 1989 aus Distanz zu betrachten. Bewusst verzichte ich daher bei den Bildunterschriften weitgehend auf wertende Texte, ich begnüge mich mit Erklärungen und Namen, setze auch diese sparsam ein. Der Betrachter soll beim Durchblättern dieses Bandes an sein Schicksal in dieser Zeit zurückdenken und die Ereignisse selbst bewerten.

Es ist sicher ein historischer Zufall, dass der zeitliche Beginn des Buches mit dem 600-jährigen Jubiläum unserer Stadt zusammenfällt, das 1949 wenige Tage vor der Gründung der DDR in einer Festwoche begangen wurde. Dass damals im offiziellen Festprogramm noch vom „Kampf um die Einheit Deutschlands" die Rede war – später stand nur noch die „Festigung der DDR" im Partei- und Regierungsprogramm – ist nur ein Detail des politischen Wandels, auf das ich aufmerksam mache. Andere wird der Leser bald selbst finden.

Problematisch war es, die im Wesentlichen vom Stadtarchiv vorliegenden Dokumente in Kapiteln zu ordnen. Denkbar wäre auch eine fortlaufende zeitliche Darstellung gewesen. Die gewählten Kapitel sind aber hilfreich, wenngleich sie sich in gewisser Hinsicht überschneiden, manches Dokument auch in ein anderes Kapitel gepasst hätte. Im Kapitel „Mosaik" wurden jene Bilder oder Texte untergebracht, die schwer den vorangehenden Kapiteln zuzuordnen waren oder mir erst kurz vor Redaktionsschluss zugingen.

Nach der Gründung der DDR gab es in Radebeul starke verwaltungerechtliche und wirtschaftliche Veränderungen. Mit der Verwaltungreform 1952 wurde unsere Stadt dem verkleinerten Kreis Dresden-Land zugeordnet und verlor ihr eigenes Kreisgericht, das als Nachfolger des früheren Amtsgerichts zunächst weiter bestanden hatte. Im ehemaligen Gerichtsgebäude gab es bis zur Wende eine Fachschule des Ministeriums des Inneren, wo überwiegend Offiziere für den Strafvollzug (im Volksmund „Schließer" genannt) ausgebildet wurden. Bürgermeister wurden in Radebeul als Ergebnis der einzigen einigermaßen freien Wahl nach dem Zweiten Weltkrieg in der Sowjetischen Besatzungszone von 1946 durch die LDP gestellt. Dennoch ordnete sich alles politische Leben im Laufe der Zeit dem in der späteren Verfassung der DDR festgelegten Herrschaftsanspruch der SED unter. Der ersten Phase der Bildung Volkseigener (Groß-) Betriebe folgte in den Sechzigerjahren die Gründung der „Betriebe mit staatlicher Beteiligung", bei denen diese praktisch aufgekauft und so besser in das staatliche Planungswesen eingeordnet werden konnten. Die meisten wurden in der nächsten Phase völlig verstaatlicht und teilweise als Betriebsteile in Volkseigene Betriebe eingegliedert. Von der Kombinatsbildung in der späteren Phase war auch Radebeul betroffen. Die aus den früheren Fabriken von Heyden bzw. Dr. Madaus hervorgegangenen VEB wurden Stammbetrieb des

Kombinats Germed; Radebeuls größter Maschinenbauproduzent Planeta – selbst vorher u.a. durch die Radebeuler Maschinenfabrik und andere Betriebe vergrößert – wurde dem Kombinat Polygraph (Sitz Leipzig) zugeordnet. Nach der Schulreform gab es im Normalschulbereich nur noch POS (Polytechnische Oberschulen) und eine EOS (Erweiterte Oberschule), welche die beiden früheren Gymnasien ablöste. Im jetzigen Lößnitzgymnasium existierte ein Institut für Lehrerbildung, wo Lehrer für die Grundstufe oder Pionierleiter (!) ausgebildet wurden.

Der Weinbau erhielt im ehemaligen Schloss Wackerbarth mit dem VEB Weinbau Radebeul seinen zentralen Sitz; in dieses Weingut wurde auch die früher selbstständige Sektkellerei Bussard eingegliedert.

Im Zuge der „sozialistischen Umgestaltung der Landwirtschaft" wurden auch in Radebeul zunächst kleinere Landwirtschaftliche und Gärtnerische Produktionsgenossenschaften unterschiedlichen Typs gebildet, die nach und nach in der einen LPG Frühgemüsezentrum aufgingen, die in Radebeul-Serkowitz ihren Sitz hatte.

Das Vereinswesen in Radebeul – mit großen Traditionen verbunden –, das durch die „Gleichstellung" und Auflösung bereits im „Dritten Reich" wesentlich gelitten hatte, wurde durch Interessengemeinschaften unter dem Dach des Kulturbundes oder durch Betriebssportgemeinschaften ersetzt. Hier fanden dennoch zahlreiche Radebeuler eine Möglichkeit, ihre Freizeit zu gestalten, sei es im Sport, sei es in künstlerischer Betätigung, sei es in Indianergruppen oder bei der Traditionsbahn, um nur einige zu nennen.

Reichlich 200 Bilder und Dokumente in diesem Buch so darzustellen, dass sie 40 Jahre im Leben einer Stadt mit damals rund 37.000 Einwohnern vollständig erfassen, ist ein müßiges Unterfangen. Ich hoffe, dass die Leser und Betrachter dennoch, jeder für sich, genügend Material finden, das die Erinnerung an eine Zeit wach hält, die jeder unterschiedlich ge- und erlebt hat und bewerten wird, die uns aber doch in gewisser Hinsicht verbunden hat.

1

Stadtrundgang

Wir beginnen den Stadtrundgang an der Kreuzung Bahnhofstraße / Meißner Straße, die hier und auf den folgenden Seiten zu verschiedenen Zeiten gezeigt wird. Der Name des Filmtheaters und auch die Fahrzeuge sind Kennzeichen für die „frühe DDR". Ansichtskarte um 1954.

Die Kreuzung Meißner Straße / Bahnhofstraße, oben in Richtung Coswig, unten in Richtung Dresden gesehen. Bis zum Ende der Stalinära „Stalinstraße" genannt, erhielt Radebeuls wichtigste Straße dann den Namen Wilhelm-Pieck-Straße. Damals fuhren noch die Straßenbahnlinien 15 (bis Weinböhla) und 14 durch Radebeul.

Im Jahr 1980 wurde das Eckgebäude mit der Konsum-Verkaufsstelle („Tempo") im Erdge-
schoss gründlich saniert. Die untere Ansichtskarte (ca. 1984) zeigt die seinerzeit dominieren-
de Präsenz des Trabant auf unseren Straßen.

Das so genannte Haase'sche Grundstück, ein alter Bauernhof, hatte sich bis Ende der 1970er-Jahre als Sehenswürdigkeit und Verkehrshindernis erhalten. Die Werbung für das schräg gegenüber liegende Kaufhaus passt nicht zum Anwesen, das nur für einen schmalen Fußweg Platz ließ (Meißner / Ecke Hauptstraße).

Beide Aufnahmen auf dieser Seite sind in der gleichen Blickrichtung aufgenommen. Nach dem Tode des Besitzers konnte man das Gut endlich abreißen und im Herbst 1978 mit dem Neubau eines monströsen Verwaltungsgebäudes für den VEB Glasinvest beginnen. (unteres Foto). Bei dieser Gelegenheit konnte auch die Straße an der Stelle neu gestaltet werden.

Bis in die Sechzigerjahre war der Gasthof Serkowitz, ältestes Gasthaus der Lößnitz, völlig her-untergekommen (obere Ansicht). Die LPG Frühgemüsezentrum erwies sich hier als Retter. Sie übernahm das Gebäude und renovierte es gründlich und stilvoll. Als 1985 die 650-Jahr-Feier des Gasthofes stattfand, war hier wieder ein repräsentatives Haus mit Speisegaststätte und Festsaal (untere Ansichtskarte) entstanden.

Eine Reminiszenz an das Bahnhofshotel, ein Blick vom Hof durch das Eingangstor auf die gegenüberliegende Konditorei Werner. In den Sechzigerjahren von der HO übernommen, musste diese das Lokal nach hygienischen Beanstandungen 1975 schließen. Es war kurzfristig Monteursherberge, später Requisitenlager der Landesbühnen. Im Zuge einer geplanten Großinvestition nach der Wende wurde das Bauwerk abgerissen.

Die Landesbühnen Sachsen Mitte der 1960er-Jahre mit dem typischen Fahrzeugpark dieser Ära sind auf dieser Ansichtskarte abgebildet. Der Anlass für die Beflaggung ist nicht zu erkennen.

Das Tanz-Café der „Goldenen Weintraube" im Haus der Landesbühnen wurde immer gern besucht. Mitte der 1960er-Jahre spielte dort u.a. die beliebte Kapelle Heinz Hohenhaus.

Im ehemaligen „Café Haupt" richtete der Konsum nach einer Zwischennutzung als Backbetrieb 1981 das „Café Lößnitz" ein, das sich großen Zuspruchs erfreute, die Wende aber nicht lange überlebte.

Der schattige Garten an den „Vier Jahreszeiten" wurde gern aufgesucht, auch wenn der Verkehr unablässig vorbeirollte. Einige Bäume sind geblieben, das Restaurant ist nach der Wende einem Riesen-Geschäftsgebäude gewichen.

Das Bilz-Bad, von dem weithin bekannten Naturheilkundler Eduard Bilz gegründet, wurde in den 1970er-Jahren dessen Erben durch die Stadt Radebeul abgekauft. Es blieb ein Erlebnisbad, das mit dem ältesten noch erhaltenen (UNDOSA-)Wellenbad seit 1912 eine besondere Attraktion hat. Zeitweise sorgte ein Behelfskino im Sommer für zusätzlichen Zeitvertreib. Da konnte man es auch mal einen ganzen Tag dort aushalten.

Der 1959 verstorbene Leiter des Karl-May-Museums Patty Frank – hier 1950 an der „Villa Bärenfett" – mit seinem unverwechselbaren Hut, von dem er sich nur selten trennte. Er hielt dem Museum als Führer durch die Sammlungen bis zu seinem Tode die Treue.

Bis in die 1980er-Jahre hinein wurde selbst bei „seinem" Museum der Name Karl Mays vermieden. Das Wohnhaus des Schriftstellers vor der „Villa Bärenfett" wurde lange Zeit als Kindergarten genutzt. Erst mit der Renaissance Karl Mays wurde der Kindergarten verlegt und das ganze Anwesen nach und nach zum Karl-May-Museum umgestaltet.

Die ehemalige Hofmann'sche Fabrikantenvilla am Ledenweg 2 wurde während der DDR-Zeit – hier ein Winterbild aus dem Jahr 1956 – weitgehend als Jugendklubhaus genutzt. Hier bestanden vielfältige Freizeitgestaltungsmöglichkeiten. Mit zunehmender Nutzungszeit wurde die Gebäuderhaltung zum finanziellen Problem.

Das ehemalige Filmtheater Capitol – inzwischen in „Freundschaft" umbenannt – wurde 1964 im Eingangsbereich gründlich renoviert. Der 15. Jahrestag war ein würdiger Anlass zur Wiedereröffnung.

Radebeul blieb von so genannten Plattenbauwerken, im Gegensatz zum benachbarten Coswig, weitgehend verschont. Im Bereich Wasastraße wurden zu Beginn der 1970er-Jahre einige Straßenzüge mit diesen Bauwerken versehen.

Das Minckwitz'sche Weingut und das Lusthäuschen auf dem ehemaligen Weinberg, der um 1950 weitgehend zum Park verwildert war. Inzwischen ist er teilweise wieder aufgerebt, die Gebäude sind restauriert.

An der Wilhelm-Pieck-Straße (jetzt Meißner Straße) wurde 1977 ein umfangreicher Neubau errichtet, der vom Arzneimittelwerk Dresden als Wohnheim genutzt wurde.

Am Ledenweg entstand auf einer Freifläche zwischen der Villenbebauung ein Wohnhaus-komplex, der allerdings in der Bauweise „Stein auf Stein" errichtet wurde.

Eine Erinnerung an die ehemalige Grundschänke, die zu DDR-Zeiten zum Kulturhaus „Völkerfreundschaft" umgewandelt
wurde, im Volksmund „Völkerschänke"
genannt. Einige Jahre nach der Wende
abgerissen, sitzen jetzt oft Bewohner von
an dieser Stelle errichteten Wohnhäu-
sern auf ihren Terrassen beim Kaffee.

Besonders große Mühe hatten sich die Herr-
schaften mit Ernst Thälmann nicht gegeben, aber ihren Namen hatte die Schule
weg.

Ein recht attraktiver Neubau, der hier im Rahmen der Wohnungsbaugenossenschaften an der Ecke Meißner / August-Bebel-Straße entstand. Unten befand sich ein HO-Selbstbedienungsladen.

Im Jahr 1973 wurde an der Kottenleite die neue Polytechnische Oberschule „Hermann Matern"
eingeweiht. Sie ist ein Typenbau nach dem Modell „Karl-Marx-Stadt". Im Hintergrund sind
u.a. Bürgermeister Walther und SED-Stadtsekretär Menz zu sehen.

Die nebenstehend genannte Schule steht jetzt leer und vor dem Abriss. Ungeklärt ist das Schicksal des Wandbildes, einer Gemeinschaftsarbeit der Radebeuler Künstler Johannes Thaut und Gerold Schwenke.

Im Mai 1979 wurde mit den Arbeiten im Rahmen der VMI (Volkswirtschaftliche Massen-
initiative) am so genannten Rosengarten an der Weintraubenstraße begonnen (oben). Er wurde am 16. September 1979 feierlich übergeben (unten). Inzwischen musste er Neubauten für
Kaufhalle und Sparkasse weichen.

Straßenverkehr und Bebauung vor der Kreuzung Maxim-Gorki-Straße / Meißner Straße im Jahr 1960. Von den Kraftfahrzeugen dürfte heute keines mehr den TÜV besitzen.

Am selben Tag wie das obige Foto wurde diese Aufnahme in Richtung Dresden gemacht. Neben der alten Straßenbahn ist ein Fahrzeug der Sowjetarmee zu sehen. Diese gehörten damals zum Straßenbild.

Aus den frühen 1950er-Jahren stammt diese Ansicht in der Nähe der Schiffsanlegestelle in Radebeul-West. Sie wurde in einer Ausstellung 1962/63 im Kreiskulturhaus gezeigt und vom Stadtarchiv übernommen. Hier hat es inzwischen deutliche Veränderungen und Neubebauungen gegeben.

Im Jahr 1972 konnte man noch regelmäßig von Serkowitz zur gegenüber liegenden Gohliser Windmühle übersetzen, wo es zum Kaffee leckeren Kuchen gab.

Im Jahr 1978 wurde mit dem Neubau der Elbbrücke begonnen, die vom Radebeuler Stadtteil Naundorf aus nach Niederwartha (jetzt Stadtteil von Dresden) führte.

Immerhin dauerte es bis 1983, ehe die alte Stahlkonstruktion vollständig durch die Betonträ-ger ersetzt war (Aufnahme Sommer 1980). Für eine neue Fahrbahn wie vor der Zerstörung 1945 reichte das Geld nicht. So wurde nur ein Fuß- / Radweg gebaut. Immerhin sollen sich gelegentlich Trabbi-Fahrer durchgeschlängelt haben.

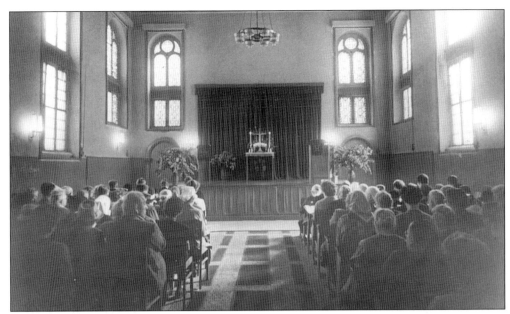

Im früheren Hauptgebäude des Radebeuler Krankenhauses, das bis 1945 von der Dresdner Dia-
konissenanstalt betrieben wurde, gab es bis in die 1960er-Jahre eine schöne Kapelle. Nachdem 1965 die letzten Diakonissen „in das Mutterhaus Dresden zurückgekehrt" waren, wie es
die Krankenhauschronik von 1988 vermerkt, wurde die Kapelle anderweitig genutzt, u.a. als
Lagerraum. Ein Verein setzt sich jetzt für die Wiederherstellung ein (Ansicht ca. 1960).

In der nebenstehend abgebildeten Kapelle wurde 1967/68 gründlich umgestaltet, innen
unter Leitung von Fritz Steudtner. Dabei entstand auch der neue Altar.

Die Wichernkapelle im ehemaligen Oberort wurde 1938 in einer früheren Klempnerwerkstatt eingerichtet, war Predigtstelle für die Ortsteile Lindenau und Oberort. Ihr heutiges Aussehen erhielt sie in den 1960er-Jahren auch Dank der bemerkenswerten Opferbereitschaft der Gemeinde. So wurden auch im Obergeschoss neue Räume geschaffen.

In der späten DDR entstand das geflügelte Wort „Ruinen schaffen ohne Waffen". Dieses Bild vom Auszugshaus in Altkötzschenbroda ist dafür ebenso ein Beleg wie die Aufnahmen auf den nächsten beiden Seiten. Das Auszugshaus war das erste Gebäude in Altkötzschenbroda, das die Wiederherstellung der inzwischen preisgekrönten Straße einleitete.

Archivaufnahme des denkmalgeschützten Hauses „Fliegenwedel" am Jacobstein aus dem Jahr 1986. Inzwischen restauriert, erhielt sein Besitzer und Architekt Werner Hößelbarth 1998 einen Bauherrenpreis.

Auf einen Bauherrenpreis kann die beliebte ehemalige Gaststätte „Meierei" leider noch nicht hoffen. Nachdem die HO Mitte der 1970er-Jahre das Objekt aufgab, verkam der Komplex, den die Stadt Radebeul 1998 kaufte. Notdürftig gesichert fand sich trotz mehrerer Ausschreibungen noch kein Investor.

Die erste Schule im Ortsteil Naundorf überstand als einziges Gebäude den Dorfbrand von 1822. Inzwischen sehen zahlreiche, damals abgebrannte Häuser ansehnlicher aus (Aufnahme 1980).

Das hübsche Winzerhaus im Lößnitzgrund, direkt an der Schmalspurbahn, war lange Zeit ein Motiv für Ansichtskarten, bis es immer mehr verfiel (Aufnahme 1984). Von der kranken Besitzerin verlassen, brannte es Anfang der 1980er-Jahre unter ungeklärten Umständen ab. Als danach eine ausländische Expertengruppe mit der Schmalspurbahn nach Moritzburg gebracht werden sollte, wurde die Ruine schnell abgerissen.

2

Sozialistischer Alltag

Zum 1. Mai 1977 wurde diese so genannte „Straße der Besten" an der Giebelseite der Sporthalle Radebeul-West angebracht, damit die Bilder den Besuchern der Festwiese gleich ins
Auge fielen.

Die Kartoffelernte war nach der sozialistischen Umgestaltung der Landwirtschaft immer ein Problem. Deshalb mussten Schüler und Studenten als freiwillige Helfer eingesetzt werden. Hier sind Schüler der Niederlößnitzer Oberschule im Oktober 1964 in Bärnsdorf im Einsatz.

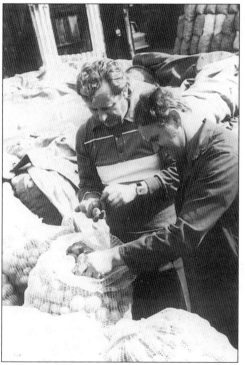

Nach der Ernte war die Qualitätskontrolle angesagt, bevor die Einkellerungskartoffeln entsprechend der Bestellung ausgeliefert wurden.

BK S6	BK S7	BK S8	BK S9	BK S10	III K	II K	I K
BK S5	Deutsche Demokratische Republik	10335522	Wohnort: Radebeul 2	Lose Abschnitte ungültig	25	20	15	10	5
BK S4	Bezugsberechtigung Kartoffeln 1963/64	Name: Gottfried Thiele	Altnaundorf 39		24	19	14	9	4
BK S3			Straße:	Bel Verlust kein Ersatz	23	18	13	8	3
BK S2				Nicht übertragbar!	22	17	12	7	2
BK S1	BK S11	BK S12	BK S13	BK S14	21	16	11	6	1

Dass Kartoffeln bis weit in den Sozialismus hinein nur auf Bezugsschein ausgeliefert wurden, ist manchem wahrscheinlich nicht mehr bewusst. Immerhin waren die Lebensmittelkarten 1959 abgeschafft worden.

Verbilligte Kohlen auf Kohlenkarten – je nach Haushaltstärke – waren bis zum Ende der DDR zu haben. Die Ausgabe der Kohlenkarten (hier 1989!) war immer eine besondere Aktion. Wer das Abholen zu den Wohngebietsterminen verpasst hatte, musste sich ins Rathaus bemühen.

Der Aufkauf von Obst und Gemüse von Kleingärtnern war eine mehrfach lohnende Angelegenheit. Zunächst wurden die Erzeuger ihre Ware los und erzielten einen Nebenverdienst. Clevere Bürger allerdings nutzten die Preisdifferenz zwischen (gestütztem) Verkaufspreis und höherem Ankaufspreis aus. Sie kauften in der Woche Obst und Gemüse im Laden und stellten sich sonntags bei den Erzeugern mit an (1987).

Trotz günstiger Metallpreise war manchem Zeitgenossen der Weg zur Schrottannahmestelle zu weit. Daher brachten die regelmäßigen Schrottaktionen – meist für einen guten Zweck veranstaltet – immer noch gute Erträge (Aufnahmen 1983/84).

Brigadebesprechungen waren nach Einführung der Sozialistischen Brigaden in Betrieben und Einrichtungen an der Tagesordnung. Hier hören sich die Mitarbeiter des Kindergartens am Rosa-Luxemburg-Platz (jetzt Standesamt) im Jahr 1960 an, was ihnen die Leiterin zu den aktuellen Themen sagt.

Ernst blicken die Personen auf diesem Foto, unter ihnen Gerda Neumann, langjährige Schuldirektorin in Naundorf. Dabei ist die Einweihung eines neuen Hortzimmers am 6. März 1978 doch ein froher Anlass. Brav haben die meisten Schüler das Pionierhalstuch umgebunden.

Anlässlich der Tage der Kinder- und Jugendliteratur 1984 las der Schriftsteller Horst Matthies aus seinem neuen Manuskript. Zuhörer waren Schüler der POS „Martin Andersen Nexö".

Verkehrsserziehung gehörte regelmäßig zum außerunterrichtlichen Plan. Hier üben Schüler der POS „Martin Andersen Nexö" 1979 mit Modellautos Vorfahrtprobleme.

Praxisverbundener war da schon das Fahrradfahren, das unter fachgerechter Anleitung 1984 an der Schule Ziller-straße (Weinbergschule) geübt wurde.

Ein Geschicklichkeitsfahren für Mokickbesitzer stand im Rahmenprogramm der Vogelwiese und wurde gern genutzt, zumal Urkunden und kleine Preise winkten (Bild oben 1987, Bild unten 1988).

Die Wehrerziehung begann nach der Einführung der Wehrpflicht nach und nach immer früher. Hier meldet ein Pionier der POS „Martin Andersen Nexö" seine Bereitschaft zum Pioniermanöver „Freundschaft" 1979. Dieses fand regelmäßig in den Winterferien statt.

In den Kreisausscheiden Wehrsport – hier an der POS „Otto Buchwitz" im April 1979 – sollten die Schülerinnen und Schüler Treffsicherheit beweisen.

Die Einberufung zum 18-monatigen Wehrdienst bei der NVA war immer ein einschneidender Faktor im Leben der jungen Männer. Hier treffen sich die Radebeuler Wehrpflichtigen am 3. Mai 1979 am Bahnhof Radebeul-Ost zum Antritt des Waffendienstes. Sie waren bereits in Gruppen eingeteilt, je nachdem zu welchem Standort sie fahren mussten.

DEUTSCHE DEMOKRATISCHE REPUBLIK

Wehrdienstausweis

Nr. 87/ 241347 ✱

Aussehen und Format des Wehrdienstausweises der Nationalen Volksarmee änderten sich seit 1962 mehrfach. Hier ist das Titelblatt der Ausgabe von 1986 zu sehen.

Die Aufnahme in die Pionierorganisation wurde hier anlässlich des 15. Jahrestages der DDR im Jahre 1964 im großen Rahmen auf dem Rosa-Luxemburg-Platz durchgeführt.

Freundlicher und im kleinen Rahmen wurde diese Gruppe von Schulanfängern auf dem Hörningplatz (damals Salvador-Allende-Platz) 1984, wenige Wochen nach dem Schuleintritt, in die Reihen der Jungpioniere aufgenommen.

Junge Pioniere waren regelmäßig dazu auserkoren, den Jugendweiheteilnehmern Blumen und Buch zum Abschluss der Feier zu überreichen. 1978, hier an der POS „Pestalozzi", dürfte es noch das Buch „Weltall-Erde-Mensch" gewesen sein.

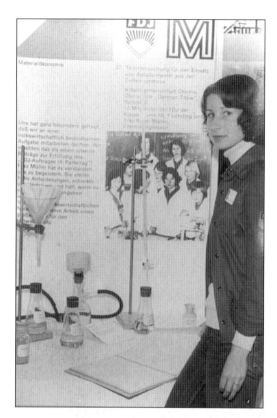

Bei der MMM (Messe der Meister von Morgen) hatten findige Schüler die Gelegenheit, zunächst in der Schule und nach Auswahl auf höheren Ebenen Ergebnisse ihrer Arbeit in Arbeitsgemeinschaften oder eigener schöpferischer Tätigkeit auszustellen (1979 in der POS „G. Titow" bzw. Roseggerschule).

An der Eröffnung der Kreis-MMM 1978 in der Sporthalle Steinbachstraße nahm der SED-Parteisekretär Menz persönlich teil.

Auch die Kleinsten (Junge Pioniere in der Schiller-Schule, 1979) beteiligten sich an den MMM, meist mit Bastelarbeiten oder Konstruktionsbaukasten-Modellen.

Kindergruppe im Außengelände des Kindertagesheims „Mohrenhaus" an der Moritzburger Straße im Jahr 1960. Wer erkennt sich wieder?

Diese Kinder verkaufen im Jahr 1985 in der POS „Hermann Matern" selbst hergestelltes Backwerk für die „Solidarität".

Das Kinderfest zum 35. Jahrestag der DDR im Jahr 1984 wurde von der Schillerschule organisiert. Dafür wurde die Gellertstraße zur Kreidemalerei frei gehalten.

Im Pionierhaus (jetzt Rosenhof) an der Winzerstraße (hieß damals an dieser Stelle Straße der Jungen Pioniere) wurden vielfältige Betätigungs- und Spielmöglichkeiten angeboten und genutzt, Aufnahmen ca. 1984.

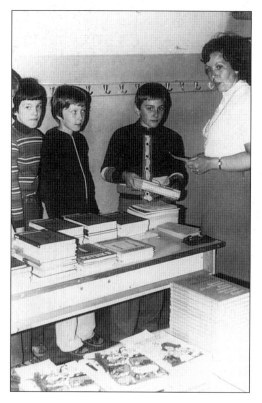

Der Schulbuchverkauf zu Beginn jeden Schuljahres (hier in der Schiller-Schule, 1979) war eine wichtige Angelegenheit. Manchmal lernte man bei dieser Gelegenheit seine neue Klassenleiterin kennen.

Schuleinführung in der Schiller-Schule, 1978. Einige Erstklässler in Begleitung ihrer neuen Klassenleiterin Frau Ingrid Deumer. Alle scheinen guter Dinge zu sein.

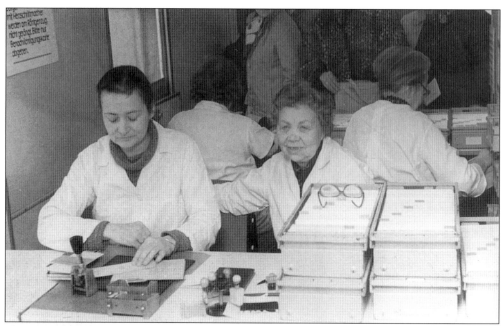

Mit der regelmäßig durchgeführten Volksröntgenaktion wurde erreicht, dass die Tuberkulose weitgehend zurückgedrängt blieb. Dazu standen die großen Wagen mit den Geräten an ausgewählten Standorten, z.B. in Altkötzschenbroda vor dem „Goldenen Anker". Die Aufnahme stammt von der letzten Aktion 1989.

Das Einsammeln der Konsum-Markenbücher – hier 1979 in der Verkaufsstelle Borstraße – war in jedem Januar eine große Aktion. Immerhin konnte man auf seinen Jahresumsatz einige Prozente gut machen. Wieviel es waren, ergab erst die Geschäftsabrechnung. Danach konnte man gegen Rückgabe der Abgabebescheinigung den Ertrag abholen.

Die Diskos in der „Völkerschänke", wie das Kreiskulturhaus „Völkerfreundschaft", die ehemalige „Grundschänke", von der Jugend salopp genannt wurde, waren ein beliebter Treffpunkt.

Die Festwiese an der Sporthalle in Radebeul-West war in jedem Jahr der Veranstaltungsort für das Herbstfest. Es begann meist Mitte September und dauerte bis zum Tag der Republik am 7. Oktober, Aufnahme 1984.

Das Pionierhaus war auch Schauplatz ernster Schachwettkämpfe (1984). Die Grundkenntnisse erhielten die Kinder von aktiven Schachspielern der Radebeuler BSG Chemie, welche die besten Nachwuchsspieler gern übernahm. Zu ihnen zählte Andreas Franke (vorn rechts).

Der Dorfanger in Altkötzschenbroda wurde gern für volkssportliche Veranstaltungen genutzt. Hier fand im September 1980 der Start der Jungen zum Radrennen statt.

In einer großen außerschulischen Gemeinschaftsaktion fertigten Schülerinnen und Schüler im Frühjahr 1978 anlässlich des 100-jährigen Schuljubiläums der Schiller-Schule im Rahmen der Kunsterziehung einen farbigen Wandfries an.

Eine tolle Veranstaltung war auch das K-Wagen-Rennen rund um den Dorfanger in Altkötzschenbroda. Die Veranstaltung im Jahr 1980 lockte zahlreiche Zuschauer an, wurde aber nicht zur Tradition.

Neben dem Eckhaus mit dem „Ochsenkopf" an der Bahnhofstraße (damals Straße der Befreiung) wurde 1980 eine repräsentative Foto-Optik-Verkaufsstelle des Konsum eingerichtet. Von
der „Penti" über die „Exakta" bis zum ORWO-Film war dort alles für den Fotofreund zu haben.

Im Jahr 1980 wurde in der Nähe vom „Weißen Roß" eine IFA-Verkaufsstelle für Kfz-Anhänger
eröffnet. Hier steht jetzt das Auto-Haus Gommlich.

Eine neue Einrichtung war 1979 der „delikat"-Laden schräg gegenüber von den Landesbühnen (zuletzt SPAR-Halle). Hier gab es Waren, die dem Angebot westlicher Verkaufshäuser entsprachen. Im Unterschied zu den Läden, in denen nur „forum-Schecks" als Zahlungsmittel galten, wurde hier die DDR-Mark angenommen, allerdings waren die Preise entsprechend höher. So kostete eine Tafel Markenschokolade z.B. 4,80 DDR-Mark.

In der Volkshochschule gab es spezielle Lehrgänge zur Selbsthilfe für Autobesitzer. Hier werden Teilnehmer des Lehrgangs „Ich und mein Trabant" im Jahr 1983 praktisch unterwiesen.

„Bälle der Hausgemeinschaften" wurden zur Bereicherung des sozialistischen Alltags im Kreiskulturhaus „Völkerfreundschaft" regelmäßig durchgeführt. Besonders verdienstvolle Hausgemeinschaften wurden bei dieser Gelegenheit geehrt (oben 1984). Gelegentlich wurden dazu auch Gäste aus der französischen Partnerstadt Auboué eingeladen (unten 1986).

3

Ereignisse

Die neu erbaute Polytechnische Oberschule am Augustusweg erhielt am 15. Januar 1973 den Namen „Otto Buchwitz" in Anwesenheit der Witwe des Namensgebers. Aus diesem Anlass fand ein feierlicher Appell mit allen Schülern und Lehrern statt (vgl. S.74).

600 JAHRE RADEBEUL

FESTWOCHE: 24. SEPT. - 2. OKT. 1949

Das Titelblatt des offiziellen Festheftes, das vom Radebeuler Stadrat anlässlich der 600-Jahr-Feier herausgegeben wurde und zahlreiche, interessante heimatgeschichtliche Beiträge und Abbildungen enthält. Das Radebeuler Stadtwappen wurde seit 1924 in der abgebildeten Form geführt.

600 Jahre im Leben einer Gemeinde

Was stellen sie dar im Weltgeschehen, was bringen sie an wechselreichen Schicksalen von Generationen, von Familien, von Ständen und Klassen?

Lohnt es sich, eines solchen Jubiläums zu gedenken?
Lohnt es sich heutzutage, wo ein verbrecherischer Krieg die alte Weltordnung zum Bersten gebracht hat?
Lohnt es sich heute, wo die Zukunft unseres Volkes noch dunkel vor uns liegt?

Die Stadtverordneten zu Radebeul sind der Meinung, daß unsere Zeit wohl geeignet ist, einen Augenblick still zu halten, um rückwärts zu schauen — um die Gegenwart zu erfassen — um die Zukunft zu erkennen.

Wir wollen in diesem Auftrage den Sinn unserer Feier verstehen und grüßen alle Radebeuler daheim und in der Ferne, insbesondere unsere Landsleute in den Westzonen, mit denen wir uns im Kampfe um die Einheit Deutschlands, im Kampfe um einen gerechten Frieden und in der Forderung des Abzuges der Besatzungstruppen besonders verbunden fühlen.

In einfachen, den Zeitverhältnissen angepaßten Veranstaltungen wollen wir dieses Jubiläum begehen: Eine Stadt stellt sich vor mit einem Querschnitt durch ihr gesellschaftliches, politisches, wirtschaftliches und kulturelles Leben.

Viele werden feststellen müssen, daß sie ihre Stadt noch gar nicht gekannt haben, und Stolz wird sie erfüllen, daß diese Stadt wohl als Gartenstadt und durch ihre Weinberge bekannt, so wichtige Industrien beherbergt und kulturell ein so reiches Leben entwickelt.

Willkommen in der festlichen Stadt Radebeul!

Die Stadtverordneten grüßen die Bürger, insbesondere jene, die als Ausgebombte und Umsiedler in unserer Stadt eine neue Heimat gefunden haben, grüßen die Freunde, grüßen die Gäste der Stadt Radebeul.

Möge uns die Arbeit, die wir in schwerster Zeit begonnen haben, den Weg in eine glücklichere, bessere Zukunft ebnen.

Dies unser Wunsch für die Stadt Radebeul, für unser deutsches Vaterland!

Die Stadtverordneten zu Radebeul

Johannes Stein	Hellmuth Rauner	Walter Bergmann
1. Vorsteher	2. Vorsteher	3. Vorsteher

1

Das Vorwort des Heftes ist insofern interessant, als es dokumentiert, wie sich die politische Einstellung hinsichtlich der Einheit Deutschlands später grundlegend wandelte. An der Erarbeitung des Inhaltes des Festheftes dürfte der 2. Vorsteher und verdienstvolle Heimatforscher Hellmuth Rauner (siehe S. 111) maßgeblich beteiligt gewesen sein.

Im Sommer 1949 begannen die Erdarbeiten zur Errichtung des Lößnitzbades, das als Jugend-
objekt aus einer stillgelegten Kies- und Lehmgrube entstand. Es wird vom Grundwasser ge-
speist und ist ein beliebtes Naherholungsgebiet der Radebeuler geworden, von denen viele
freiwillige Arbeitseinsätze leisteten. (oben: Arbeiten an der Ostseite, unten: an der Nordseite).

Hier wurde an der Westseite bereits mit der Gestaltung der Wiesen rings um die Wasserfläche begonnen (oberes Bild). Im Sommer 1951 wurde das Bad eingeweiht und zur Benutzung freigegeben (untere Aufnahme).

Die Radebeuler Volkssternwarte, hoch auf den Ebenbergen, die 1959 Dank des unermüdlichen Bemühens des Astronomie-Lehrers Rüdiger Kollar mit dem Bau einer kleinen Beobachtungshütte gegründet wurde, erhielt 1966 anlässlich seines 100. Todestages den Namen „Adolph Diesterweg". Die Figurengruppe mit den beiden Sternguckern schuf der Radebeuler Künstler Walter Howard 1973.

Hier bewährt sich Rüdiger Kollar während des Richtfestes für einen Erweiterungsbau im Jahre 1972 als Stimmungsmusiker. Mit in der Runde: Bürgermeister Helmut Walther (mit Brille).

Radebeul - Adolph-Diesterweg-Sternwarte

Zum 20. Jahrestag der DDR

> *haben auch Sie dazu beigetragen, daß im Rahmen der Volkswirtschaftlichen Masseninitiative umseitiges Bauwerk als „Außerordentlicher Beitrag der Bürger der Stadt Radebeul" entstehen konnte.*

Zum 30. Jahrestag der DDR

> *sollen Sie wissen, daß seither über dreihunderttausend Besucher nach den Ebenbergen kamen und hier einen lebendigen Einblick in das wissenschaftliche Weltbild erhielten.*

Wir danken Ihnen

> *damals wie heute für Ihr zum Ausdruck gebrachtes Interesse an unseren Bestrebungen und würden uns sehr freuen, wenn wir Sie wieder einmal begrüßen könnten.*

> *Im Auftrag der Mitarbeiter der Volkssternwarte „Adolph Diesterweg"*

> *(OL Rüdiger Kollar)*
> *Sternwartenleiter*

Eine Dankeskarte aus dem Jahr 1979, die von Rüdiger Kollar – inzwischen zum Oberlehrer ernannt – herausgegeben wurde und zugleich auf wesentliche Etappen in der Entwicklung der Volkssternwarte hinweist. 1969 war das neue Gebäude mit Planetarium und Beobachtungskuppel fertig gestellt worden.

Mit dutzenden, einfallsreich gestalteten Wagen rund um den Wein und die Geschichte Radebeuls war der Winzerfestzug des Jahres 1965 ein Ereignis, an das sich Zuschauer und Mitwirkende gern erinnern. Oben der Wagen „Jacobstein", unten der dem sowjetischen Champagner gewidmete Wagen, einem Getränk, das in Radebeul trotz der heimischen Sekte auch gern getrunken wurde.

Von der Meißner Straße kommend, waren die Wagen in die jetzige Hauptstraße eingebogen und wurden dann am Rathaus empfangen, wo der Zug zu Ende war. Zum Thema „Ungarischer Wein" war der oben abgebildete Wagen gestaltet, die Zügel hielt der heimatgeschichtlich bewanderte Bauer Karl Reiche aus Altkötzschenbroda in den Händen. Unten ist der Wagen mit der Weinkönigin und ihrem Gefolge zu sehen.

Die Aufnahmen des Winzerfestzuges 1965 wurden von der Foto-AG der Pestalozzi-Oberschule für das Stadtarchiv gemacht, eine gelungene Dokumentation. Der oben abgebildete Wagen erinnert an die höfischen Feste im Lusthaus der Wettiner, dem heutigen Weinbaumuseum Hoflößnitz. Unten wird in der Kutsche von Naundorfs Altbauer Fritz Schließer das schönste Paar des Jahres gefahren.

Die fröhlichen Seiten des Weinbaus werden in der oberen Darstellung gezeigt und auch auf der Tribüne vor dem Rathaus (untere Abbildung) herrscht bereits gute Weinlaune. Kein Wunder, wenn man jedem Wagen zuprosten musste.

Am 15. Januar 1973 wurde der Oberlößnitzer POS auf dem Augustusweg der Name „Otto Buchwitz" verliehen, in Erinnerung an den 1964 verstorbenen ehemaligen SPD-Politiker, der seit 1946 der SED angehörte und seit 1949 Alterspräsident der Volkskammer der DDR war. Warum seine Witwe Elsa und die Schülerin, neben dem neuen Schild auf dem unteren Foto, so ernst blicken, ist nicht zu erkennen.

Am 31. Mai 1979 wurde Richtfest für die jetzt zum Lößnitzgymnasium gehörende Weinberg-schule an der Zillerstraße gefeiert (oben). Am 13. Oktober 1979 erfolgte in einer kleinen Fei-erstunde die Einweihung dieser Schule (unten).

Eine Straße trug schon seinen Namen, nun gab es seit dem 15. April 1986 auch eine Georg-Weig-Oberschule. Nach der Wende erhielt die Straße einen neuen Namen (Kellereistraße) und der Schulname wurde auch gestrichen.

Das war ein Pressefoto wert: Der Wettersturz vom 31. Dezember 1978 hatte Schäden angerichtet, zu deren Beseitigung am Sonnabend, dem 31. Januar 1979 gearbeitet wurde. Auch die Schulhorte hatten deshalb extra geöffnet, hier an der Schiller-Schule.

Die Reichsstraße in Oberlößnitz wurde am 7. Oktober 1986 in Anwesenheit der Witwe des
französischen Widerstandskämpfers (oben links, unten ein Kind begrüßend) aus der Partnerstadt Auboué in Jean-Bertrand-Straße umbenannt. Die Rede wurde von Frau Dr. Döhler, damals
Lehrerin an der EOS „Juri Gagarin" (oben, Mitte) gehalten, links neben ihr die Dolmetscherin
der französischen Delegation. Seit 1992 hat die Straße wieder ihren alten Namen.

Auch die Jungen Brandschutzhelfer hatten gelegentlich ein Großereignis. Hier die Begrüßung zum Kreisleistungsvergleich 1978 im Stadion an der Steinbachstraße (jetzt Lößnitzstadion).

In jedem Jahr wurden Kreisspartakiaden für Kinder und Jugendliche durchgeführt. Auch 1978 fand die Veranstaltung im Stadion an der Steinbachstraße statt. An der Spitze des Einmarsches sind Musikanten und Fahnenträger zu sehen.

Wie sich die Bilder ähneln. Hier marschieren im Jahr 1989 die Mannschaften zur Kinder- und Jugendspartakiade des Landkreises ein.

Selbst die Jungen Verkehrshelfer hatten ihren Kreisleistungsvergleich. Sie trafen sich im Jahr 1987, allerdings nicht im Stadion, sondern in der „Station junger Techniker" am Augustusweg.

Der 35. Jahrestag der DDR war Anlass für einen großen Festumzug, dessen Festwagen von Betrieben und Institutionen der Stadt gestaltet wurden. Der Fotograf dieser und der Aufnahmen auf nebenstehender Seite hatte sich als Standort einen Platz an der Winzerstraße gewählt. Oben folgen dem Wagen einige Mitarbeiter der Landesbühnen, unten sind es Angehörige verschiedener Arbeitsgemeinschaften der Jungen Pioniere.

Die Betriebssportgemeinschaften Planeta (oben) und Chemie (unten) waren die stärksten in Radebeul, die auch nach der Wende als Vereine weitergeführt wurden. Sie waren entsprechend zahlreich im Festzug vertreten.

Ein anderer Fotograf hatte sich einen Standort an der Moritzburger Straße gesucht. Zum Teil sind es die gleichen Motive wie auf den vorhergehenden Seiten, die Wirkung ist jedoch eine andere. Oben zeigen die Jungen Pioniere ihre vielfältigen Freizeitmöglichkeiten. Unten präsentiert ein inzwischen nicht mehr existenter Betrieb seine Produkte, nicht ohne den stolzen Hinweis auf die erfüllte Zusatzverpflichtung.

Der Wagen der Landesbühnen zeigt auf seinen Plakaten die wichtigsten Aufführungen (oben), der Wagen des Hochspannungsarmaturenwerkes (unten) repräsentiert dagegen einen wichtigen Betrieb, der auch nach der Wende einen Teil der Produktion weiterführen konnte.

Die Wiederöffnung des früheren „Café Haupt" als „Café Lößnitz" im März 1981 war für Bürgermeister Horst Theuring ein Anlass, zu erscheinen. Er überreichte dem ersten Gaststättenlei-
ter Stefan Kleinau Blumen und ward auch ferner oft unter den Gästen gesehen, zu denen hin
und wieder auch Künstler der Landesbühnen gehörten.

Seit dem Frühjahr 1986 wurde die Ernst-Thälmann-Straße (jetzt Hauptstraße) zum Boulevard umgestaltet. Die Fußwege wurden verändert und zahlreiche Blumenkästen aufgestellt. Im Hintergrund ein Straßenbahnzug der Linie 4 mit den Wagen des Typs „Gotha", der später von Tatra-Straßenbahnwagen abgelöst wurde.

Mit einem Boulevard-Fest – vor allem für die Kinder – wurde der neu gestaltete Boulevard am 4. Oktober 1986 eröffnet.

Dieses Bild entstand 16 Jahre vor dem „Jahrhunderthochwasser 2002". Extreme Regenfälle führten im März 1986 zu Überschwemmungen am Lößnitzbach, die vor allem oberhalb und unterhalb der Meißner Straße einigen Schaden anrichteten. Pegelmarken des Lößnitzbaches wurden aber bisher noch nicht gesetzt.

Im Sommer 1987 veranstaltete der Berliner Rundfunk seine Sendung „Von 7-10 in Spreea-
then" im Radebeuler Kreiskulturhaus. Natürlich musste Bürgermeister Horst Theuring zum
Interview zur Verfügung stehen.

1967 wurde das jetzige Weinbaumuseum Hoflößnitz für eine Ausstellung anlässlich des 50. Jahrestages der Oktoberrevolution in Russland zweckentfremdet. Die im Jahr 1985 durchgeführte Ausstellung „Weinfass und Weinflasche" entsprach dagegen dem Stil des Hauses.

Mit einem eigenen Plakat machte die traditionsreiche Baufirma Max Umlauft auf ihr Richtfest aufmerksam, das anlässlich des Neubaus der Sportler-Unterkünfte veranstaltet wurde. Der Zusatz „KG" war kennzeichnend für die damalige „staatliche Beteiligung".

Die Werbung am alten Bauerngehöft (S.12) galt dem „kontakt"-Kaufhaus schräg gegenüber, das 1980 gründlich rekonstruiert wurde. In zwei Etagen stand ein umfassendes Angebot im modernen Ambiente zur Verfügung, wie die beiden Archivfotos belegen.

Im Bilz-Bad wurde jedes Jahr ein Badfest durchgeführt, bei welchem zusätzliche sportliche Möglichkeiten, Musik und Tanz auf dem Programm standen. Das Bild von 1989 zeigt den Spiele-Park.

Die 1985 in Radebeul durchgeführte Großveranstaltung war dem Philatelistenverband der DDR eine extra aufgelegte Sonderkarte wert. Das traditionsreiche Schloss Wackerbarth bot die Räume, in denen auch einige Radebeuler Briefmarkensammler ihre Exponate zeigten und Medaillen kassierten.

Mit den beiden Aufnahmen, die eigentlich zum Winzerfestumzug gehören, der auf den Seiten 70 bis 73 bereits dokumentiert wurde, soll die Überleitung in das nächste Kapitel vollzogen werden. Kein Mensch käme heute wahrscheinlich auf die Idee, den Bundespräsidenten auf einem Bild in einem Winzerumzug herumzutragen oder den Bundesadler als Blumenarrangement zu zeigen. 1965 und später gehörte derlei zur politischen Pflicht.

4

Politik

Der Gedenktag für die Oktoberrevolution in Russland (7. November) verpflichtete zur Gratulation bei den „Freunden", wie die Angehörigen der Sowjetarmee salopp genannt wurden. Den Anfang machten die Genossen (vorn Ortssekretär Menz). Bürgermeister Bensch wartete hinten.

1960

Wir feiern den Geburtstag unserer Republik!

Donnerstag, den 6. Oktober 1960 um 18.30 Uhr findet ein *Campionumzug* der Lindenauer Kinder zum Sportplatz statt
Treffpunkt: Alte Lindenauer Schule
Am Lagerfeuer wird bei Tanz und Spiel die Vorfeier des Geburtstages beendet

Freitag, den 7. Oktober 1960 hat die Lindenauer Jugend von 9 bis 12 Uhr Gelegenheit im sportlichen Wettkampf ihre Besten zu ermitteln
Von 13 bis 15.30 Uhr kommen die Fußballanhänger auf ihre Kosten
Um 18 Uhr beginnt die Abendveranstaltung im Haus der Werktätigen

- *Es singt die Chorgemeinschaft Lindenau*
- *Auszeichnung der besten Aufbauhelfer sowie der Sieger der Sportwettkämpfe*
- *Darbietungen von Angehörigen der Musikhochschule*
- *Eine Aufführung von Kindern der Schule beschließt das Programm*

Ab 20 Uhr kann jeder nach Herzenslust das Tanzbein schwingen

Die Bevölkerung wird hierzu herzlich eingeladen!

Wohnbezirksausschuß 18/19 der Nationalen Front

Neben dem 1. Mai war der Tag der Republik der wichtigste staatliche Feiertag des Jahres, der entsprechend begangen wurde. Feiern, wie die oben angekündigte, fanden auch guten Zuspruch. Das „Haus der Werktätigen" ist die jetzt fast verfallene ehemalige Lößnitzburg, zu DDR-Zeiten kultureller Mittelpunkt des oberen Ortsteils von Radebeul.

Die Teilnahme an der Mai-Demonstration war eine Ehrenpflicht. War man nicht nur einfacher Arbeiter oder Angestellter, so musste man schon eine schlüssige Ausrede haben, wenn man nicht wenigstens am Rande der Straße als Zuschauer mit Fähnchen gesehen wurde. Für einen Platz auf der Tribüne vorgesehen zu sein, gereichte zu besonderer Ehre (1965 vor den Landesbühnen). Statt Walter Ulbricht wurde später Erich Honecker „mitgetragen".

Vor der Tribüne stehend, hatte der Fotograf einen Blick auf die vorbeiziehenden „Blöcke", die ihre Schilder mit sich trugen, damit der Sprecher sie richtig begrüßen konnte.

Das obere Bild wurde 1965 bei einer Mai-Demonstration aufgenommen, das untere im Folge-jahr.

Seit den 1970er-Jahren stand die Tribüne in der Bahnhofstraße (damals Straße der Befreiung). Die beiden Aufnahmen stammen aus dem Jahr 1977. Unten marschiert die Führung des VEB Druckmaschinenwerk Planeta zur Tribüne grüßend vorbei. Vorn links: Werkleiter Peter Krause.

Das Ehrenmal am Rosa-Luxemburg-Platz war regelmäßig Ort für besondere Veranstaltungen. Zum Tag der Opfer des Faschismus im Januar legten Ehrendelegationen aus Betrieben und Organisationen Kränze nieder (oben 1980). Unten: An gleicher Stätte wurden am 1. Mai 1979 Mitglieder einer Kampfgruppeneinheit ausgezeichnet.

Im Jahre 1978 warteten am 1. Mai die Ehrengäste der Tribüne auf den Beginn des Zuges, der von Fahnenträgern gebildet wurde (oben). Die jungen Vietnamesen, zur Ausbildung in die DDR geholt, bildeten einen besonderen Block im Demonstrationszug (unten).

Die Mitglieder der SED-Kreisleitung gehörten zur Spitze des Festzuges am 1. Mai 1979 (oben). Ihnen folgten mit Schild und in Uniform die Angehörigen der GST (unten).

Die FDJ-Mitglieder bildeten einen besonderen Block, wenn sie nicht in andere Blöcke (z.B. Sport oder GST) eingeordnet waren. Das obere Bild entstand am 1. Mai 1979, während die Kinder (unten) im 1980er Zug mitmarschierten.

Die Dokumentation zum 1. Mai wird mit diesen beiden Bildern von 1980 abgeschlossen. Das Schild der jeweiligen Einrichtung zu tragen war eine ehrenvolle Aufgabe, um die es allerdings nicht unbedingt einen Wettbewerb gab. Interessant ist die unterschiedliche Blickrichtung der Teilnehmer des oberen und des unteren Bildes. Die Tribüne ist rechts.

Die Wahlen in der DDR hatten in der Vorbereitung ihre wichtigste Phase. Wer einmal auf dem Wahlzettel stand, konnte mit seiner Wahl rechnen. Die Kandidaten stellten sich in Wahlversammlungen und Wählerforen vor, wurden dann bestätigt und kamen auf den Wahlzettel der Einheitsliste. Hier stellte sich 1974 ein zukünftiger Stadtverordneter Jungwählern im VEB Planeta vor.

Im größeren Rahmen fand im Kulturhaus „Heiterer Blick" die Vorstellung dieses Kandidaten statt. Die Blumen sind schon bereit, er wurde hier als Kandidat bestätigt.

Wahlwerbung am Wahllokal wäre heute undenkbar, 1986 war dies selbstverständlich. Es war auch nicht ungewöhnlich, dass sich Hausgemeinschaften (hier 1974 in der Roseggerstraße) gemeinsam auf den Weg zur Wahl machten.

Sie sind ordnungsgemäß in der Wählerliste Ihres Wahlbezirkes eingetragen. Damit ist Ihr demokratisches Recht der Teilnahme an der Wahl gesichert. Wir möchten Sie darauf hinweisen, daß sich Ihr **Wahllokal** in

Restaurant „Zum Hirsch", Niederwarthaer Straße 1 befindet und am Wahltag

von .... *6* .... bis .... *20* .... Uhr geöffnet ist.

Im Interesse eines reibungslosen Ablaufes der Wahlhandlung bitten wir Sie, so früh wie möglich Ihre Stimme abzugeben und diese **Wahlbenachrichtigung im Wahllokal vorzuzeigen.**

Diese Wahlbenachrichtigung gilt nicht als Wahlschein.

Im Auftrag

Stempel

WV 3/63

An der formvollendeten Einladung wurde nicht gespart, wie diese Wahlbenachrichtigung für die Wahlen zur Volkskammer und zum Bezirkstag 1963 zeigt.

Dank für Radebeuls Bürgermeister

Parteifreund Horst Theuring schied nach langjährigem Wirken aus dem Amt

Auf der Stadtverordnetenversammlung Radebeul am Mittwoch schlug das Sekretariat des Kreisvorstandes der LDPD in Übereinstimmung mit dem LDPD-Stadtvorstand auf der Grundlage des Gesetzes über die örtlichen Volksvertretungen vom 4. 7. 1985 vor, Parteifreund Horst Theuring als Bürgermeister der Stadt Radebeul abzuberufen. In dem vom Vorsitzenden des Kreisverbandes, Parteifreund Walter Schmidt, begründeten Antrag, der das langjährige Wirken Parteifreund Theurings als Bürgermeister von Radebeul würdigt, heißt es u.a.:

Horst Theuring übte seit 1974 mit hohem Verantwortungsbewußtsein die Funktion des Bürgermeisters von Radebeul aus, nachdem er zuvor seit 1949 im Staatsapparat des Kreises Döbeln tätig war. Nahezu 40 Jahre hat sich Horst Theuring mit seiner ganzen Persönlichkeit in den Dienst der sozialistischen Kommunalpolitik gestellt, hat mit hohem Einsatz seine Aufgaben zum Wohl aller Bürger wahrgenommen. Es fällt ehrlich nicht nur mir schwer, einen solchen Zeitraum mit all seinen Ereignissen auch nur konturenhaft nachzuzeichnen, dennoch die Radebeuler Bilanz, die nach fast drei Wahlperioden Horst Theurings zu ziehen ist, ist zugleich die Bilanz der Arbeit des von ihm geleiteten Ratskollektivs, aber auch und nicht zuletzt die Bilanz der Zusammenarbeit aller gesellschaftlichen Kräfte unter Führung der Partei der Arbeiterklasse sowie des Fleißes der Bürger in den Wohnbezirken unserer Stadt. Horst Theuring hat mit ausgeprägtem Pflichtbewußtsein vorwärtsdrängend und manchmal auch unduldsam seine ganze Persönlichkeit in den Dienst der Kommunalpolitik gestellt, war dabei für manchen wohl auch ein unbequemer Partner. Aber jeder wird anerkennen, daß er mit Optimismus, Tatkraft und ohne Rücksicht auf die eigene ohnehin stark eingeschränkte Gesundheit jede ihm gestellte Aufgabe aktiv und prinzipienfest angepackt hat.

Besonders hohes persönliches Engagement Horst Theurings galt zum Beispiel dem Aufbau der von den Radebeulern seit Jahrzehnten gewünschten Schwimmhalle wie der

Vorbereitung und dem Abschluß eines Patenschaftsvertrages mit der Besatzung des MS ‚Radebeul‘, dem zur Zeit größten Containerschiff der DDR. Seinen Anteil hat er aber auch an der Rekonstruktion des Karl-May-Museums, der hervorragenden Entwicklung des Radebeuler Grafikmarktes, der Schaffung eines Kunstpreises der Stadt Radebeul, der Pflege und dem Ausbau der Kontakte mit der französischen Partnerstadt Auboue und der ersten Vereinbarung zur Begründung einer Städtepartnerschaft mit St. Ingbert in der Bundesrepublik Deutschland. Vieles müßte dieser Bilanz noch angefügt werden, gewiß verbleibt dem Chronisten noch reichlich Arbeit.

Gestatten Sie mir, verehrte Abgeordnete, die sie mit Horst Theuring gemeinsam für die erfolgreiche Entwicklung unserer Lößnitzstadt in der sozialistischen Gesellschaft gewirkt haben, noch ein persönliches Wort: Ich habe in den vielen Jahren der Zusammenarbeit mit meinem Parteifreund Horst Theuring oftmals seine Energie, sein Kämpfertum kennengelernt und bewundert. Und eben aus dieser Kenntnis weiß

ich auch, daß der Wunsch von ihm, aus gesundheitlichen Gründen aus seinem Amt auszuscheiden, seinem Charakter entspricht, der von Ehrlichkeit und Konsequenz gegen sich selbst geprägt ist. Das Sekretariat des Kreisvorstandes meiner Partei hat diesem Wunsch in Abstimmung mit dem Bezirksvorstand entsprochen. Der Dank und die Anerkennung, die wir Horst Theuring — dem Verdienten Aktivisten und Träger des Vaterländischen Verdienstordens — nach einer fast 40jährigen Tätigkeit im Staatsapparat der Deutschen Demokratischen Republik zollen, sind einem Kommunalpolitiker und Menschen geschuldet, der mit vorbildlichem Einsatz und nie erlahmendem Engagement seine Aufgaben stets zum Wohle der ihm anvertrauten Bürger wahrgenommen hat.

Das Sekretariat des Kreisvorstandes der LDPD schlug der Stadtverordnetenversammlung daraufhin Parteifreund Dr. Volkmar Kunze zur Wahl als Bürgermeister vor.

Dr. Volkmar Kunze neuer Bürgermeister

Dr. Volkmar Kunze wurde 1954 in Radebeul geboren, erlernte nach dem Besuch der Polytechnischen

Oberschule zunächst den Beruf eines Zerspanungsfacharbeiters mit Abitur, leistete einen dreijährigen Ehrendienst bei den bewaffneten Organen an der Unteroffiziersschule des MdI, war von 1979 bis 1983 politischer Mitarbeiter des LDPD-Kreisverbandes Leipzig-Land, übernahm 1983 die Funktion des Kreissekretärs im Kreisverband Großenhain der LDPD. Er wurde 1984 als Abgeordneter in den Kreistag Grossenhain gewählt. Von 1979 bis 1984 studierte er an der Akademie für Staats- und Rechtswissenschaft Potsdam-Babelsberg Fachrichtung Staat und Recht, in Weiterführung seiner Diplomarbeit verteidigte er im April dieses Jahres seine Dissertation zu Fragen der staatlichen Leitung des Handwerks im Bereich der Örtlichen Versorgungswirtschaft erfolgreich. Parteifreund Dr. Kunze wurde bisher u. a. mit der Verdienstmedaille der DDR und dem Ehrenzeichen der LDPD ausgezeichnet. Er ist verheiratet und hat drei Kinder.

So einfach lief 1988 – bei vorhergehenden Wechseln war es nicht anders – Verabschiedung und Neuwahl eines Bürgermeisters ab. In einer Veranstaltung wurde Horst Theuring mit Dank verabschiedet, Dr. Volkmar Kunze neu gewählt. Beide wurden von der LDPD gestellt bzw. vorgeschlagen.

Bürgermeister Theuring, der 14 Jahre lang Bürgermeister von Radebeul war, im Gespräch mit Bürgern auf dem Rosa-Luxemburg-Platz.

Einer der ersten offiziellen Auftritte von Dr. V. Kunze in seinem neuen Amt war die Siegerehrung von Teilnehmern des Silvesterlaufs 1988 im Stadtpark.

Offizielle Bekanntgabe des Radebeuler Ergebnisses:

Wahlbetrug aktenkundig

RADEBEUL (Eigenbericht). Im Beschluß Nr. 63789 des Rates der Stadt Radebeul vom 17. November bzw. im Beschluß Nr. 23/89 der Stadtverordnetenversammlung vom 22. November 1989 wird das Ergebnis der Wahl zur Stadtverordnetenversammlung vom 7. Mai 1989 erstmals offiziell bekanntgegeben: „An der Wahlhandlung nahmen in Radebeuler Wahllokalen 23 710 Wahlberechtigte teil. Davon wurden 23 686 Stimmen als gültige Stimmen, 24 Stimmen als ungültige Stimmen öffentlich ausgezählt und von der Wahlkommission der Stadt Radebeul bestätigt. Von den als gültig abgegebenen Stimmen waren 20 835 für den gemeinsamen Wahlvorschlag der Nationalen Front, 2 851 richteten sich gegen den Wahlvorschlag." Die Zahl der Gegenstimmen entsprach damit 12,03 Prozent.

Bisher waren von der zentralen Wahlkommission nur die Zahlen für den gesamten Landkreis veröffentlicht worden. Hier seien angeblich von 75 737 gültigen Stimmen nur 1 780 (2,35 Prozent) gegen den Wahlvorschlag gewesen. Das NEUE FORUM Radebeul hat inzwischen Strafanzeige beim Generalstaatsanwalt erstattet.

Auf einer Veranstaltung des NEUEN FORUM berichtete Volkskammerabgeordneter Prof. Willem, daß er auf Anfrage beim Vizepräsidenten des Nationalrates der Nationalen Front, Kirchhoff, die Protokolle über das Computerergebnis einsehen konnte, diese seien natürlich in Ordnung gewesen. Nach den konstituierenden Sitzungen der gewählten Gremien, wo das Wahlergebnis bestätigt wurde, sei die Aufforderung ergangen, die Wahlunterlagen zu vernichten. Wer die Anweisung zur Vernichtung der Wahlprotokolle gab und auf welcher gesetzlichen oder ungesetzlichen Grundlage das geschah, diesen Fragen war Prof. Willem offensichtlich nicht nachgegangen.

In Radebeul jedenfalls war in der konstituierenden Sitzung der Stadtverordnetenversammlung der Bericht der Wahlkommission von den Abgeordneten bestätigt worden, ohne daß die Ergebnisse der Wahl überhaupt in diesem Bericht enthalten waren. Radebeuls Bürgermeister Dr. Kunze wurde nun auf der Versammlung des NEUEN FORUM gefragt, ob ihm beim Vergleich der von ihm selbst der Kreiswahlkommission übergebenen mit den in der Zeitung veröffentlichten Zahlen nichts aufgefallen sei und warum die Einsprüche z. B. der Pfarrer mit unsachlichen Argumenten zurückgewiesen wurden. Dr. Kunze erwiderte, daß ihm bei Offenlegung der Wahrheit disziplinarische Maßnahmen angedroht wurden und die Gespräche nach einer vorgegebenen Konzeption durchgeführt werden mußten. Die Tagungsleitung des NEUEN FORUM wertete das als Nötigung, mit der Menschen an der Basis kaputtgespielt wurden. Auch deshalb sei eine volle Aufklärung des Wahlbetrugs unabdingbar, damit Menschen, die unter Druck gesetzt wurden und dadurch vor dem Volk ihre Glaubwürdigkeit einbüßten, rehabilitiert werden.

Union vom 28. 11. 89
Hannische TVE03

Stadtverwaltung Radebeul
Stadtarchiv
01435 Radebeul - PF 100 156
Besucheranschrift: Gohliser Straße 1
Tel. 0351 / 830 52 52 · Fax 836 21 98

S 19-05/1

Bereits 1986 waren erstmals Stimmen laut geworden, die das Ergebnis der damaligen Wahl anzweifelten. Bei der Volkskammerwahl wurden die Auszählungen nahezu flächendeckend von Andersdenkenden überwacht, die Nein-Stimmen addiert. Die große Differenz zum offiziellen Ergebnis führte erstmals offen zum Vorwurf des Wahlbetrugs. Für Radebeul wurde dieser in der Stadtverordnetenversammlung vom November 1989 bestätigt, wie der obige Ausschnitt aus der „Union" vom 28. November 1989 belegt.

Das Neue Forum war eine der ersten Organisationen, die mit politischem Engagement die Wende einleiteten. Zu den aktiven Sprechern gehörten auch Wolfgang Jacobi, Peter Jung und Dr. D. Schubert, alle auch heute noch aktiv politisch tätig.

```
Neues Forum Radebeul                    Radebeul, d. 28.11.1989
Sprechergruppe
Ullrich Kunze, Dr.-Schmincke-Allee 9
Radebeul 8122




Bezirksstaatsanwalt des Bezirkes Dresden

Lothringer Str. 1

D r e s d e n

8019



Strafanzeige wegen Wahlfälschung

Wir erstatten Strafanzeige wegen Wahlfälschung im Zusammenhang
mit den Kommunalwahlen 1989 im Landkreis Dresden in folgendem
Umfang.
1. Strafanzeige gegen den Vorsitzenden der Kreiswahlkommission,
   Herrn Teubert, Dresden Land, wegen Wahlbetrug gemäß§ 211 StGB

   Begründung
```

Die Feststellung des Wahlbetrugs in Radebeul bzw. im Kreis Dresden-Land führte zu dieser Anzeige durch das Neue Forum Radebeul beim Bezirksstaatsanwalt in Dresden. Der Vorsitzende der Kreiswahlkommission Horst Teubert wurde später wegen Wahlfälschung in einem Prozess rechtskräftig verurteilt. Der Autor war bei diesem Prozess Schöffe.

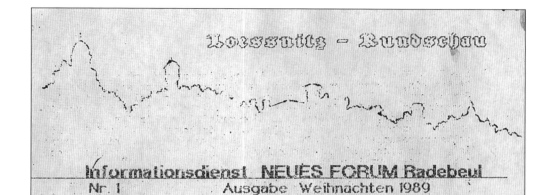

Informationsdienst NEUES FORUM Radebeul
Nr. 1   Ausgabe Weihnachten 1989

Zur gesellschaftlichen Situation und zur Lage des NEUEN FORUMS

Entscheidende Schritte der Errichtung einer Demokratie und der Einordnung in ein ideologiefreies Europa liegen hinter uns. Mit Schaudern blicken wir auf den letzten "Verbündeten", das Regime in Rumänien und werden uns dankbar bewußt, daß unseren Weg keine Grabsteine zieren.

Dafür rücken, bis vor kurzem für unvermeidbare Begleiterscheinungen gehaltene Unerträglichkeiten in das Blickfeld.

Dazu rechne ich:

- Die abgehalfterte Staatspartei betreibt die Abrechnung mit der Vergangenheit nur mangelhaft. Wo bleibt die Offenlegung der Vermögenswerte der SED, die Rückgabe (eventueller) Staatsgelder einschließlich der Devisen? Wann werden hohe und mittlere Kalfaktoren des Stalinismus und ihre (unsere) Schmarotzer zur Verantwortung gezogen? Noch nie war die Krankheitsrate bei Staatsbeamten so hoch. Woran liegt das? Der Verfassungsbruch durch Wahlbetrug haftet auch der " PDS" wie Pech an. Im Kreis Dresden-Land ermittelt die Staatsanwaltschaft auf Grund der Strafanzeige des NF Radebeul. Aber sollen die "Kleinen" die Rechnung bezahlen?
- Auf Schritt und Tritt begegnen der Sprechergruppe des NEUEN FORUMS Radebeul die örtlichen Kräfte einer Verwaltungshierarchie, die so wirtschaftet als sei nichts passiert. Da wird die Städtepartnerschaft zu St.Ingbert behandelt, als sei sie eine seltene Blume im Garten des Bürgermeisters. Unabhängige Untersuchungskommissionen werden gebildet "unabhängig vom NF Radebeul", nur weil sie im Fernsprechbuch nicht aufzufinden sind. Wohl aus dem gleichen Grunde wird der "Demokratische Aufbruch" aus dem Radebeuler Rundtischgespräch ausgeklammert. Da werden Stasi-Schlupfwinkel durch Kommunalbeamte ohne gesellschaftliche Kontrollkräfte überprüft usw. usf.
- Der Wahlkampf hat schon begonnen; in diesem Zusammenhang ist Papierkontingentierung und Druckgenehmigungsverfahren ein Wahlschlager für die etablierten Kräfte. Denn der Bürger folgert: Wer nichts sagt, hat nichts zu sagen. Der Gedanke, Papierkontingent der "Altparteien" den neu entstehenden zur Verfügung zu stellen, wurde abgewiesen.

Mit der ersten Ausgabe des Informationsdienstes des Neuen Forums Radebeul (Weihnachten 1989 ausgegeben) wird der politische Teil des Buches beendet. Der Text kennzeichnet die damalige Situation sehr anschaulich. Immerhin war ein Jahr danach die politische Einheit Deutschlands vollzogen. Davon träumten zu Weihnachten 1989 nur Optimisten.

5

Mosaik

Nicht nur als Stadtverordneter, auch als Heimatforscher war Hellmuth Rauner aktiv. Er bekam für seine Verdienste die Ehrenbürgerwürde Radebeuls verliehen. Hier führte er im Jahr 1964 ausländische Gäste durch das Weinmuseum Hoflößnitz (links).

Der Planet 16/85 · 30. September · 26. Jahrgang · Preis 10 Pf

Organ der SED-Betriebsparteiorganisation des VEB POLYGRAPH Druckmaschinenwerk PLANETA Radebeul

Das ist meine Bewährungsprobe

Unsere sozialistische Wirklichkeit bietet für jeden politisch denkenden Menschen viele Möglichkeiten, sich persönlich immer aufs neue zu bewähren. Die hohen Ziele unserer Wirtschafts- und Sozialpolitik verlangen hohe Leistungsbereitschaft am Arbeitsplatz, in der gesellschaftlichen Tätigkeit werden Stellungnahme und Position gefordert. Für mich persönlich halten diese Monate vor dem XI. Parteitag der SED eine ganz besondere Bewährungsprobe bereit. In diesen Tagen muß ich als Mitglied der Kampfreserve der Arbeiterklasse

Neben der zentralen und lokalen Presse gab es in einigen Großbetrieben Betriebszeitungen, die von den jeweiligen Parteiorganisationen der SED herausgegeben wurden. Erst 1989 wurden die Betriebsleitungen zu neuen Herausgebern. In Radebeul gehörten „Der Planet" (oben) vom VEB Druckmaschinenwerk Planeta und „Unterm Mikroskop" (unten) vom AWD, dessen Hauptbetrieb in Radebeul lag, zu den wichtigsten Betriebszeitungen.

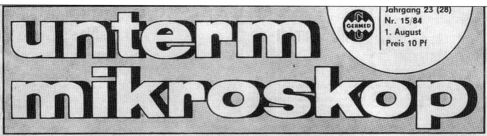

unterm mikroskop · Jahrgang 23 (28) · Nr. 15/84 · 1. August · Preis 10 Pf

Organ der SED-Betriebsparteiorganisation des VEB AWD, Stammbetrieb des VEB Pharmazeutisches Kombinat GERMED Dresden

Verpflichtungen werden wir Punkt für Punkt einlösen

Auf guter Halbjahreserfüllung führen unsere Kollektive ihre Plandiskussion 1985

DDR 35 · Starker Sozialismus sicherer Frieden

Am 17. Juli beriet unser Gewerkschaftskollektiv über den Stand der Plandiskussion 1985 in unserem Betrieb.
In seinen grundlegenden Ausführungen stellte unser Generaldirektor, Genosse Winfried Noack, unter anderem fest: „Mit hohen Wettbewerbsverpflichtungen in den ersten sechs Monaten dieses Jahres bekunden die Werktätigen in allen Bereichen und Abteilungen unseres Betriebes, daß sie ihre Verpflichtungen zum Republikjubiläum Punkt für Punkt einlösen und

terbreiteten in den Plandiskussionen bisher 206 Vorschläge zur Erhöhung des Leistungswachstums und der Effektivität – davon 61 Vorschläge zur Kostensenkung bzw. Gewinnwirtschaftung –, 106 Vorschläge zur Verbesserung der Arbeits- und Lebensbedingungen, 72 Vorschläge zur Verbesserung der Leitungs- und Führungstätigkeit und 65 Vorschläge zur Erhöhung der Außenhandelstätigkeit und zur Senkung des NSW-Importes.
Mit der bisherigen Durchführung der Plandiskussion kann analysiert wer-

geführten Plandiskussionen und die vorliegenden Ergebnisse der Direktionsbereiche Technik sowie Beschaffung und Absatz.

Die bisherigen Ergebnisse der Diskussionen unterstreichen insgesamt die hohe Leistungsbereitschaft der Werktätigen mit dem Ziel der Erfüllung und Überbietung der Planaufgaben 1985, eng verbunden mit der Realisierung des Planes 1984. Das findet in der weitgehenden Untersetzung der STAG unseres Betriebes seinen Ausdruck.

Es ist keinesfalls so, daß Staaten mit unterschiedlicher Gesellschaftsordnung nicht friedlich nebeneinander leben und bestehen können. Nur muß dazu natürlich allseitig ein ehrlicher, ernsthafter Wille vorhanden sein. Die bestehenden Beziehungen der Deutschen Demokratischen Republik zu den meisten kapitalistischen Ländern in Europa sind in diesem Sinne aufgenommen worden und somit dafür ein positives Beispiel. Die zahlreichen Vorschläge der Sowjetunion und aller sozialistischen Staaten über friedliche und gleichberechtigte Zusammenarbeit auf allen Lebensgebieten, über Rüstungsbegrenzung aller herkömmlichen

Für den Frieden

Das Festsingen am „Schwarzen Teich" war seit jeher eine Traditionsveranstaltung, die zu DDR-Zeiten vor allem von der Chorgemeinschaft Lindenau, aber auch vom Männerchor Radebeul (jetzt wieder „Liederkranz 1844" e.V.) fortgesetzt wurde und immer gut besucht war. Oben eine Aufnahme vom 1978er Singen, unten singt der Männerchor im Jahr 1980.

Dass im Jahre 1974 erstmals ein Traditionszug der beliebten Schmalspurbahn Radebeul Ost–
Radeburg fahren konnte, war der Verdienst einer Gruppe von Hobby-Eisenbahnern, die sich
1975 offiziell zu einer Arbeitsgemeinschaft unter dem Dach des Modelleisenbahnverbandes
der DDR zusammenschloss. Wurden 1985 schon 48 Mitglieder gezählt, so hat der daraus ent-
standene Verein jetzt über 100 Mitglieder.

Neben der Traditionspflege, wozu auch die historischen Kostüme gehören, gilt die Arbeit der Mitglieder vor allem der Fahrzeugpflege und der Durchführung der Traditionsfahrten während der Sommersaison. Die Ansichtskartenserie zeigt die schönen Seiten der Arbeitsgemeinschaft, lässt aber nur erahnen, dass tägliche Arbeit die Voraussetzung dafür ist.

Die Landesbühnen Sachsen, seit 1950 in Radebeul ansässig, wurden zum Radebeuler Theater, ohne dass die Stadt dafür bezahlen musste. Mit zahlreichen, unvergesslichen Inszenierungen sind sie zum Bestandteil unseres kulturellen Lebens geworden. Unter anderem hatte am 17. Mai 1959 Bizets Oper „Carmen" Premiere.

Zahlreiche Landesbühnen-Musiker führten ein „Doppelleben": Sie traten nebenbei bei verschiedenen Anlässen auf. Neben dem „Radebeuler Flaschensextett" waren die „Lößnitzer Musikanten" eines der Ensembles, die nicht nur gelegentlich nebenher musizierten. Unter Leitung Wilfried Walthers (2.v.l.) spielten sie auch Schallplatten ein und begleiteten die Traditionsfahrten der Schmalspurbahn. Ganz links Susanne Wesselsky, auch Musiklehrerin und Moderatorin.

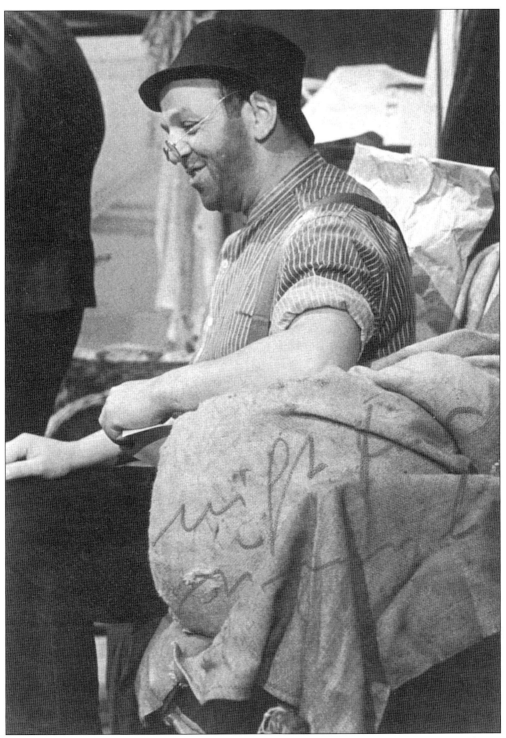

Hans Kopprasch war einer der langjährigen Schauspieler des Ensembles der Landesbühnen. „Nichts für ungut" schrieb der für seine zahlreichen Witze bekannte Mime am 29. Oktober 1960 auf diese Autogrammkarte.

Im Rahmen der 1963 durchgeführten Renovierung der Kirche wurde der Altarraum der Friedenskirche in Radebeul mit neuen Bild-Glasfenstern ausgestaltet, die von dem Künstler und Pfarrer Dr. Ch. Rietschel entworfen wurden. In einer einzigartigen Aktion spendeten Einzelpersonen und Gemeindegruppen jeweils ein Fensterfeld. Der Künstler verzichtete als Dank für einen gut überstandenen Verkehrsunfall auf sein Honorar.

Das Fenster mit dem Friedenstisch hat – wie mehrere andere Felder auch – eine doppelte Bedeutung. Hier wird nicht nur an die Friedfertigen in den Seligpreisungen des Neuen Testaments gedacht, sondern an den zum Frieden im 30-jährigen Krieg führenden Waffenstillstand von Kötzschenbroda im Jahr 1645, der nach der Überlieferung auf dem Tisch des Pfarrhauses unterzeichnet wurde.

Die Aufführungen der Kantorei der Friedenskirche unter der Leitung von Kirchenmusikdirektor Hans-Bernhard Hoch zählten seit den 1950er-Jahren zu den Höhepunkten nicht nur des Gemeindelebens. Neben dem großen Weihnachtsoratorium von J.S. Bach (Aufführung 1965) erlebte auch Haydns „Schöpfung" oder Händels „Messias" und andere große Chorwerke in der gefüllten Kirche hervorragende Wiedergaben.

Auch die „Sommerlichen Serenaden" gehörten zur Tradition der Friedenskirch-Kantorei. Bei der Vorlage des Programms zur Druckgenehmigung musste sich H.-B. Hoch gelegentlich anhören, dass Volkslieder eigentlich „nicht dem Repertoire kirchlicher Chöre zugeordnet werden können".

120

Die dritte Christvesper am Heiligen Abend – eine reichte auch zu Zeiten der DDR nicht – wurde von Chor und Kurrende besonders eindrucksvoll gestaltet. Diese Aufnahme stammt aus dem Jahr 1968.

Auch im Jahr 1964 gab es einen Winzerzug mit großer Beteiligung, sowohl am Straßenrand als auch im Zug selbst.

Während dieses Winzerzuges gab es eine besondere Gruppe für „Junge Paare", die sich dabei zur Wahl stellten.

Diese beiden wurden unter den jungen Paaren als „Schönstes Paar" von einer Jury gewählt und während der Abendveranstaltung ausgezeichnet. Leider hatten weder Fotograf noch Stadtarchiv ihre Namen notiert.

Das Druckmaschinenwerk Planeta gab in den 1980er-Jahren mehrere Postkartenserien zur Werbung für Radebeul heraus. Darauf wurde nicht nur das Hauptwerk des Herstellers gezeigt (oben), sondern auch zahlreiche sehenswerte Radebeuler Motive (unten die Dampf-schiffhaltestelle in Radebeul-West).

Natürlich war auch dem Karl-May-Museum mit der „Villa Bärenfett" eine Karte gewidmet, dem Anziehungspunkt auch für ausländische Touristen (oben). Das beliebte Bilz-Bad mit seinen vielfältigen Möglichkeiten wird vor allem von Familien besucht. Die verschiedenen Becken sind kinderfreundlich eingerichtet.

Der Radebeuler Grafikmarkt ist seit 1979 alljährlich die Gelegenheit für Radebeuler Künstler, ihre Werke zu präsentieren. Dabei werden immer auch Radebeuler Motive angeboten. Der leider schon früh verstorbene Johannes Thaut wählte 1979 das Meinhold'sche Turmhaus zum Motiv (oben). Für die Naundorfer Grundschule schuf Werner Wittig 1955 aus Anlass des 50-jährigen Jubiläums den unten abgebildeten Holzriss.

Die Stimmung an den überschwemmten Wiesen am Elbdamm wählte Lieselotte Finke-Poser als Thema für ihre Arbeit aus dem Jahr 1988.

Mit seiner eigenwilligen Lebensweise kam Horst Hille seinerzeit gelegentlich mit den Behörden in Konflikt. Sein Wille, Künstler zu werden, setzte sich schließlich durch. Die Miniatur vom Minckwitz'schen Weinberghaus ist charakteristisch für seinen Stil.